¡Vamos!
Let's go!
LIBRARY

Al bebé le encantan los libros.

Baby loves books.

EL ORIGINAL! DESTRUCTIBLES®

Resiste mordidas • No se rompe • No es tóxico • 100% lavable

# AL BEBÉ LE ENCANTA LA BIBLIOTECA

## BABY LOVES THE LIBRARY

MILLONES DE COPIAS VENDIDAS!

BILINGÜE: ESPAÑOL E INGLÉS

GRACE HABIB

Al bebé le encanta la biblioteca.
Baby loves the library.

Escojamos uno para leer.

Let's pick one to read.

Al bebé le encanta
la hora del cuento.

Baby loves storytime.

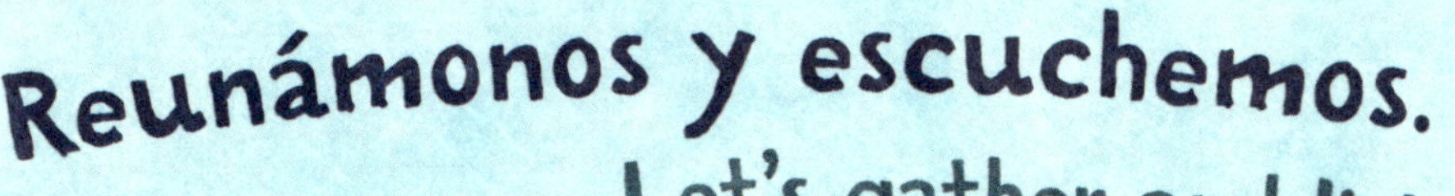

Reunámonos y escuchemos.

Let's gather and listen.

Al bebé le encanta pedir libros prestados.

Baby loves borrowing books.

¡Usemos nuestra tarjeta de la biblioteca!

Let's use our library card!

Al bebé le encanta leer libros juntos en casa.

Baby loves reading books at home together.

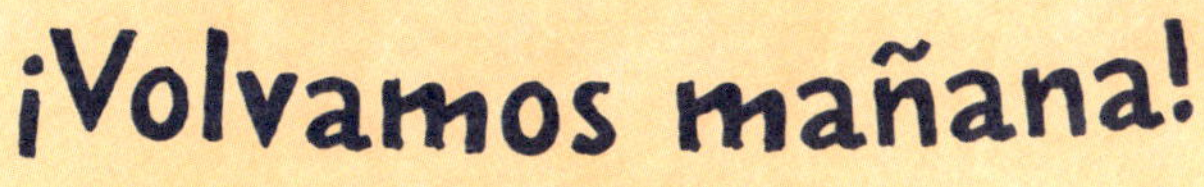

¡Volvamos mañana!

Let's go back tomorrow!

¡EL ORIGINAL!
INDESTRUCTIBLES®

¡Para edades de 0 y más!

# ¡Libros que los bebés pueden morder con sus encías!

¡Libros! ¡Hora del cuento!
A los bebés les encanta todo de la biblioteca.

Pasa el día explorando los estantes con este libro en inglés y español que es INDESTRUCTIBLE.

---

**ESTIMADOS PADRES**: Los INDESTRUCTIBLES son construidos de una forma en la que los bebés pueden "leer": con sus manos y bocas. Los INDESTRUCTIBLES no se rompen ni se desgarran y son 100% lavables. Estos libros están construidos de una manera en la que el bebé los puede sostener, agarrar, masticar, tirar y doblar.

¡MASTÍQUELOS TODOS!

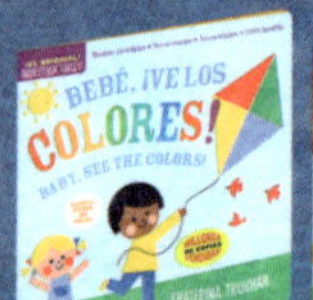

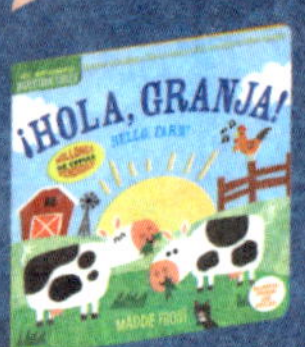

$5.99 US / $7.99 Can.
ISBN 978-1-5235-3496-8
50599
9 781523 534968

 Datos de catalogación en la publicación de la Biblioteca del Congreso están disponibles. Workman Kids es un sello de Workman Publishing, una división de Hachette Book Group, Inc. El nombre y logotipo de Workman son marcas registradas de Hachette Book Group, Inc.

Distribuido en el Reino Unido por Hachette UK Ltd., Carmelite House, 50 Victoria Embankment, London EC4Y 0DZ. Distribuido en Europa por Hachette Livre, 58 rue Jean Bleuzen, 92 178 Vanves Cedex, France.

Comuníquese con special.markets@hbgusa.com para obtener descuentos especiales para órdenes al por mayor.

TODOS LOS LIBROS DE INDESTRUCTIBLES han pasado una prueba de seguridad y cumplen o exceden las normas ASTM-F963 y CPSIA. INDESTRUCTIBLES es una marca registrada de Indestructibles, LLC.
Portada © 2026 Hachette Book Group, Inc.
Primera edición diciembre 2025 | 10 9 8 7 6 5 4 3
Impreso en Shenzhen, China 10/25
IMFP

WORKMAN PUBLISHING • Hachette Book Group, Inc., 1290 Avenue of the Americas, New York, NY 10104 • indestructiblesinc.co